EDIT DU ROI,

PORTANT Réglemens pour les Colléges qui ne dépendent pas des Universités.

Donné à Versailles au mois de Février 1763.

EDIT DU ROI,

PORTANT Réglement pour les Colléges qui ne dépendent pas des Universités.

Donné à Versailles au mois de Février 1763.

LOUIS, PAR LA GRACE DE DIEU, ROI DE FRANCE ET DE NAVARRE : A tous présens & à venir ; SALUT. Les Ecoles publiques destinées à l'Education de la Jeunesse dans les Lettres & les bonnes mœurs, & à la culture & à l'accroissement des différens genres de connoissance que chaque Sujet y peut puiser, autant qu'il convient à son état & à sa destination, ont toujours été regardées comme un des fondemens les plus solides de la durée & de la prospérité des Etats, par la multitude & la suite non-interrompue de Sujets qu'elles préparent aux divers emplois de la Société civile, par l'épreuve longue & assidue qu'elles font de la portée de leurs talens, enfin, par tout ce qu'elles contribuent d'avantageux à la gloire des Sciences & des Lettres, qui fait un si grand sujet d'émulation entre les Nations policées : un objet si important n'a jamais échappé à l'attention des Rois nos Prédécesseurs, & dès les sié-

A ij

cles les plus reculés de la Monarchie, ils en ont été occupés à proportion de ce que leur permettoient les circonstances des tems, en quoi ils ont toujours été secondés par le zele & par les soins des personnes les plus recommandables de leur Etat, & sur-tout par les principaux Membres du Clergé : dans les siécles d'ignorance & de confusion, les Lettres trouverent un azile dans les Eglises Cathédrales & dans les Monasteres les plus célébres qui purent conserver leur liberté & leur repos, sous la protection & la garde de nos Prédécesseurs, tandis que l'Université de Paris, de l'origine la plus ancienne, traçoit dès - lors le modèle d'un autre genre d'Ecole plus régulier & plus complet : à l'exemple de cette premiere Université, formée sous les yeux des Rois nos Prédécesseurs, & appuyée de toute leur faveur & de toute leur protection, il en a été établi d'autres en plusieurs Villes principales de notre Royaume, où chacune d'elles présente un centre d'Etudes & de sçavoir universel, érigé en Corps d'Université, composé de personnes Ecclésiastiques & séculieres, partagé en autant de Facultés qu'on a cru pouvoir distinguer de genres principaux de sciences relatives au service de l'Eglise & de l'Etat, & non - seulement destiné à les faire fleurir & à les enseigner, mais encore à conférer des degrés, sur la foi desquels ceux qui les obtiennent, après les épreuves requises, puissent être

admis au titre & à l'exercice des différentes fonctions de l'Ordre Eccléfiasti-
que & Civil : en forte que l'Inftitution
des Univerfités fait une partie effentielle
de l'ordre public , puifque , par les degrés qu'elles conferent , ce font elles
qui ouvrent l'accès à la plus grande partie des fonctions publiques , & jufqu'aux
dignités même les plus éminentes de
l'Eglife & de l'Etat. Au grand ouvrage
de l'établiffement des Univerfités , il en
a été ajouté un autre d'un ordre moins
élevé , mais d'un détail plus étendu ,
auquel l'autorité & la fageffe des Rois
nos prédéceffeurs ne fe font pas moins
intéreffés : comme les Ecoles des Univerfités , fixées dans un certain nombre
de Villes , ne pouvoient fervir qu'à ceux
qui étoient en état de les fréquenter , la
jeuneffe fe trouvoit privée par-tout ailleurs , même dans les autres Villes les
plus nombreufes & les plus diftinguées ,
du fecours & des avantages de l'éducation publique. Pour y remédier autant
qu'il étoit poffible , la plûpart des Villes
de notre Royaume ont fucceffivement
obtenu l'établiffement de Colléges particuliers , bornés à l'éducation & à l'in-
ftruction fi utiles en elles-mêmes , indé-
pendamment des degrés , & propres en
même tems à y préparer ceux qui , pour
les obtenir , voudroient dans la fuite
paffer aux Univerfités , & y accomplir le
cours des Etudes académiques : tout a
concouru à la dotation de ces Colléges ;
le Clergé à celle de la plûpart , par

l'application des Prébendes précepto-
riales deſtinées à l'inſtruction de la Jeu-
neſſe , aux termes des Ordonnances
d'Orléans & de Blois , & par l'union des
Bénéfices Eccléſiaſtiques ; les Corps Municipaux , par les engagemens qu'ils ont
pris pour aider à en ſoutenir les charges ;
les particuliers de tout ordre & de toute
condition , par leurs dons & leurs libé-
ralités ; les Rois mêmes par leurs graces
& par leurs bienfaits : c'eſt ainſi que ,
ſous l'autorité des Rois nos prédéceſ-
ſeurs , & la nôtre , ſans laquelle il ne
peut être permis d'établir aucune Ecole
publique dans notre Royaume , ſe ſont
établies les deux ſortes d'Ecoles qui
exiſtent aujourd'hui dans nos Etats ; les
unes gouvernées par les Univerſités ,
ſous leur inſpection & leur diſcipline ,
ſoumiſes à leurs Loix & à leurs Statuts ,
les autres ſubſiſtantes chacune par ſon
propre établiſſement , & diſperſées dans
toute l'étendue de notre Royaume :
Nous devons également à toutes notre
protection Royale & notre attention
paternelle , & dans l'intention où nous
ſommes de porter ſucceſſivement nos
vûes ſur les différentes parties d'un objet ſi intéreſſant & ſi étendu , nous ne
négligerons pas , ſans doute , ce qui
regarde le bon ordre , le maintien & la
ſplendeur des Univerſités , leur réfor-
mation même , s'il en eſt beſoin ; mais
ce qui nous paroît le plus inſtant , c'eſt
d'apporter un meilleur ordre à l'Etat de
tant de Colléges particuliers , répandus

partout ; la multiplicité de ces Colléges , l'obfcurité & l'indigence de revenu d'un grand nombre d'entr'eux , peuvent faire craindre qu'il ne s'en trouve plufieurs dont l'établiffement peu folide , le défaut de régles , ou les vices de l'adminiftration exigent une entiere réforme , ou une réunion à d'autres Colléges plus utiles & mieux établis , quelques-uns même une entiere fuppreffion. C'eft dans cette vûe que nous jugeons à propos , d'un côté , d'ordonner qu'il nous fera rendu inceffamment un compte exact de l'établiffement de chacun de ces Colléges , & de tout ce qui peut nous faire connoitre quelle eft fa fituation actuelle , & de l'autre de donner , dès à préfent , à ces Colléges , autres néanmoins que ceux dont l'adminiftration feroit entre les mains de Congrégations régulieres ou feculieres , pour les deffervir & gouverner , une forme d'adminiftration qui leur foit commune , & qui , fans préjudicier aux droits légitimes des Fondateurs , ni aux conditions primitives des fondations bien & duement autorifées , puiffe fatisfaire à ce qui regarde la confervation & l'amélioration des biens , la difpenfation réguliere des revenus , le choix des Sujets pour les places à remplir , la difcipline pour les Etudes & pour les Mœurs , & en général veiller à tout ce qui eft du bien & de l'avantage de chaque établiffement ; nous avons jugé ne pouvoir choifir de meilleure forme d'adminiftration , que celle d'un Bureau

A iv

formé pour chaque Collége , & compofé de divers ordres de perfonnes , foit du Clergé , intéreffé à plufieurs titres à y prétendre part , foit du nombre des Officiers de Juftice , pour qui ce genre d'adminiftration eft un objet de bien public & de police , foit du Corps Municipal & des Notables Habitans du lieu , à qui fur-tout l'éducation des enfans des Citoyens doit être recommandable , en quoi nous avons cherché à nous conformer , autant que l'objet le pouvoit comporter , à l'exemple que nous a laiffé le feu Roi notre très-honoré Seigneur & Bifayeul , dans fa Déclaration du 12 Décembre 1698, donnée pour une adminiftration d'un genre également utile au bien de fes Sujets , & nous avons cru ne pouvoir choifir un moment plus heureux , pour faire éclore une Loi deftinée au rétabliffement & à la perfection d'une partie fi intéreffante de l'ordre public , que celui où la certitude de la paix va nous mettre en état de ne nous occuper que de leur avantage & de leur bonheur. A CES CAUSES & autres confidérations à ce nous mouvans , de l'avis de notre Confeil , & de notre certaine fcience , pleine puiffance & autorité Royale , nous avons dit , ftatué & ordonné , & , par notre préfent Edit , difons , ftatuons & ordonnons , voulons & nous plaît ce qui fuit.

ARTICLE PREMIER.

CEUX qui seront chargés de la dire-
ction & administration desdits Colléges,
soit qu'ils se trouvent régis & desservis
par des Congrégations régulieres ou
séculieres, ou par quelques autres personnes que ce puisse être, seront tenus
de nous remettre dans six mois, pour
tout délai, à compter du jour de la publication & enregistrement de notre présent Edit, des états exacts de tout ce
qui peut concerner les titres d'établissemens desdits Colléges, & les unions de
Bénéfices qui y ont été faites, le lieu &
le Diocèse où ils sont situés, le nombre
des Classes, des Professeurs, Régens &
Ecoliers, les Biens, Revenus & Fondations, leurs Charges, Honoraires,
Pensions & Gages, la maniere dont ils
sont régis, & généralement tout ce qui
pourra servir à faire connoître leur administration & leur situation actuelle,
auquel état ils joindront telles observa-
tions qu'ils aviseront bon être, sur les
avantages ou les inconvéniens qui peuvent résulter desdits établissemens ; pour
que, sur le compte qui Nous en sera
rendu par les personnes que nous juge-
rons à propos d'en charger, & sur les
représentations & Mémoires que nos
Cours & nos Procureurs Généraux pourront nous présenter à ce sujet, nous
soyons en état de nous déterminer sur
ceux desdits Colléges qu'il y aura lieu

de placer ailleurs , de réunir à d'autres , ou même de supprimer , & de pourvoir définitivement par nos Lettres Patentes, que nous ferons expédier en la forme ordinaire , à l'état de ceux que nous aurons jugé à propos de conserver, même à ce qui pourroit être de notre autorité par rapport aux unions de Bénéfices qui y auroient été faites ; voulons que , jusqu'à ce , les pensions ou autres revenus qui ont été donnés par nous ou par les Rois nos Prédécesseurs , à aucuns desdits Colléges , continuent de leur être payés en la maniere accoutumée ; n'entendons au surplus comprendre dans les dispositions du présent article , ni dans toutes celles de notre présent Édit , les Colléges qui font partie des Universités de notre Royaume , ou qui en dépendent , ni déroger aux droits & priviléges desdites Universités.

II.

LES Ordinaires des lieux continueront de jouir de l'autorité & des droits qui leur appartiennent sur tout ce qui concerne le spirituel , la célébration de l'Office divin , l'administration des Sacremens , la représentation & censure des Livres & Cahiers par rapport à l'enseignement de la Foi dans lesdits Colléges ; enjoignons à nos Cours de les en faire jouir , ainsi qu'ils en ont bien & dûement joui ou dû jouir par le passé.

III.

Nos Cours, & autres Juges qui en doivent connoître, exerceront dans lesdits Colléges l'autorité & la jurisdiction qui leur a été confiée par nous ou par les Rois nos prédécesseurs, sur tout ce qui concerne la Police, régie & administration des Ecoles.

IV.

Et voulant pourvoir dès-à-présent à la régie & administration desdits Colléges, autres toutefois que ceux dont l'administration & desserte se trouve entre les mains des Congrégations régulieres & séculieres, ordonnons qu'aussitôt après la publication & enregistrement des Présentes, il sera formé en chacun d'iceux un Bureau, pour y être réglé tout ce qui pourra concerner ladite régie & administration.

V.

Dans les Villes où il y a Parlement ou Conseil supérieur, ledit Bureau sera composé de l'Archevêque ou Evêque qui y présidera, de notre premier Président en notredite Cour, de notre Procureur Général en icelle, des deux premiers Officiers municipaux, de deux Notables de ladite Ville, choisis par ledit Bureau, & du Principal dudit

Collége , & en cas d'absence dudit Archevêque ou Evêque , il sera remplacé par une personne Ecclésiastique par lui choisie , qui se placera après notredit Procureur Général.

V I.

DANS les autres Villes & lieux , ledit Bureau sera composé de l'Archevêque ou Evêque , qui y présidera , du premier Officier de la Justice Royale ou Seigneuriale du lieu , de celui qui y sera chargé du Ministère public , de deux Officiers Municipaux , de deux notables du lieu choisis par ledit Bureau , & du Principal du Collége ; & en cas d'absence dudit Archevêque ou Evêque , il y assistera telle personne Ecclésiastique qui aura par lui été commise à cet effet , laquelle prendra place après celui qui présidera audit Bureau.

V I I.

LESDITS Bureaux s'assembleront dans un mois au plus tard , à compter du jour de la publication & enregistrement du présent Edit , & ensuite deux fois par mois au moins , dans une Salle dudit Collége , qui sera destinée auxdites Assemblées ; les délibérations y seront prises à la pluralité des suffrages ; & en cas de partage d'opinions , l'avis de celui qui présidera , aura la prépondérance ; les délibérations seront écrites par celui qui aura été commis par le Bureau , pour lui servir de Secrétaire , sur un Registre paraphé par premiere & derniere par l'Officier de Justice , qui fera partie dudit Bureau , & signée par tous ceux qui y auront assisté.

VIII.

LESDITS Regiſtres & autres titres & papiers du College , feront mis en ordre par ledit Secrétaire , & placés dans des armoires qui feront pratiquées , autant que faire fe pourra , dans ladite Salle , & n'en pourront être déplacés que fur un récépiſſé donné par celui à qui ils auront été confiés.

IX.

LA nomination aux Chaires de Théologie , qui fe tiennent dans les Ecoles publiques , autres que celles des Univerſités , appartiendra aux Archevêques & Evêques , chacun dans leur Diocèſe.

X.

VOULONS néanmoins , que dans ceux deſdits Colleges , qui font actuellement régis & deſſervis par des Congrégations régulieres ou féculieres , les Chaires de Profeſſeurs de Théologie , qui s'y trouveront établies , foient remplies , comme par le paſſé , des Sujets que leurs Supérieurs jugeront les plus propres à y profeſſer la Théologie.

X I.

VOULONS pareillement, que, si dans
aucuns desdits Colléges, il se trouve des
Chaires de Théologie qui soient à la
nomination de personnes Ecclésiastiques
ou Séculieres, en vertu de titres en
bonne forme, lesdites personnes continuent d'y nommer en la maniere accoutumée.

X I I.

DANS les cas portés par les deux
articles précédens, ceux qui auront
été choisis par lesdits Supérieurs, ou
nommés par lesdites personnes Ecclésiastiques ou Séculieres, pour remplir les
Chaires de Théologie, ne pourront en
prendre possession, ni en faire aucunes
fonctions, qu'après avoir obtenu l'approbation de l'Archevêque ou Evêque
diocèsain ; à l'effet de quoi ils seront
tenus de se retirer par devers lui, &,
s'il ne juge pas à propos de la leur donner & qu'ils le requierent d'en dire les
causes, il les donnera par écrit.

X I I I.

DANS tous les cas où les Archevêques ou Evêques auront nommé auxdites Chaires de Théologie, la destitution du Professeur leur appartiendra, en
en déclarant les causes, s'ils en sont
requis ; lorsque ladite nomination aura

été faite par autres, ledit Professeur ne pourra être destitué que par le concours desdits Archevêques ou Evêques, & de ceux qui l'auront choisi & nommé ; en cas de refus de concourir à ladite destitution, soit de la part desdits Archevêques ou Evêques, soit de la part de ceux qui l'auront choisi & nommé, les motifs dudit refus seront déclarés par écrit, & s'il vient de ceux qui l'ont choisi & nommé, lesdits Archevêques ou Evêques pourront révoquer leur approbation, en en déclarant pareillement les causes.

X I V.

LORSQUE ladite destitution ou ladite révocation de l'approbation auront été consenties, ou qu'elles auront été jugées valables, il sera nommé par ceux qui en ont le droit, & ainsi qu'il est porté par les articles précédens, un nouveau sujet pour remplir lesdites Chaires de Théologie.

X V.

TOUS les Professeurs de Théologie ainsi nommés, seront tenus de se conformer aux dispositions de l'Edit de mil six cent quatre-vingt-deux concernant les quatre propositions contenues en la Déclaration du Clergé de France de la ire année.

X V I.

Les Principaux, les Professeurs, autres que ceux de Théologie, & les Régens desdits Colléges seront en cas de Vacance, choisis & nommés par ledit Bureau, après en avoir averti quinzaine auparavant chacun de ceux qui le composent, par un Billet de convocation, qui indiquera l'objet de l'Assemblée.

X V I I.

Lesdits Principaux, Professeurs & Régents ne pourront être destitués que par délibération dudit Bureau, prise à la pluralité des deux tiers de voix, dans une assemblée indiquée exprès pour cet objet, & après y avoir été entendus, ou duement avertis de s'y trouver.

X V I I I.

Les Sous-Principaux, Maîtres & Sous-Maîtres de quartier, Précepteurs & Domestiques nécessaires pour ledit Collége, seront choisis par le Principal, sauf audit Bureau à exiger de lui d'en choisir d'autres, par des motifs qui seront discutés en sa présence.

X I X.

Tout ce qui concernera les heures & durée de l'enseignement, les congés

& vacances , les fonctions des Principaux , Professeurs & Régens , & la
discipline du Collége , sera traité & délibéré dans lesdits Bureaux , sans qu'il
puisse y être rien changé par la suite , si
ce n'est par délibération prise à la pluralité des deux tiers des suffrages ; & ,
s'il y est jugé nécessaire d'y faire quelque Réglement général pour la police
& l'avantage du Collége , il sera envoyé
à nos Procureurs - Généraux en nos
Cours , pour y être homologué à leur
requête , & sans frais.

X X.

Tout ce qui pourra concerner la police intérieure du Collége , sera main-
tenu par le Principal , & il y sera en
outre veillé par un des Administrateurs ,
qui sera nommé par le Bureau à cet effet ,
pour , sur son rapport , être , en cas de
besoin , pourvû ce qu'il appartiendra ;
& sera pareillement pourvû par délibération dudit Bureau , sur les difficultés
qui pourroient survenir entre les Principaux , Professeurs & Regens.

X X I.

Les honoraires des Principaux , Professeurs & Regens , les pensions des
Emérites , la régie des biens & revenus
du Collége , les reparations & cons-
tructions , la recette & la dépense , &
tout ce qui concernera le temporel dudit

Collége , sera pareillement traité &
délibéré dans ledit Bureau.

X X I I.

LES baux à ferme ou à loyer , les
emprunts , les remboursemens , les ac-
quisitions & les ventes des biens , seront
reglés par ledit Bureau ; voulons néanmoins qu'il ne puisse être fait aucun
emprunt ni aliénation , qu'ils n'aient été
délibérés à la pluralité des deux tiers
des voix , & que ladite délibération
n'ait été homologuée en nosdites Cours,
sur la Requête de nos Procureurs Généraux , & seront lesdites ventes faites
en plein Bureau , au plus offrant & der-
nier encherisseur , sur trois publications
par affiches faites de quinzaine en quinzaine.

X X I I I.

LES Actes portés par l'article précé-
dent , seront passés au nom du Collége ,
& signés seulement par deux des Administrateurs qui auront été nommés à
cet effet , par la Délibération qui aura
été prise pour raison desdits Actes.

X X I V.

LA recette des revenus & deniers du
Collége sera faite par le Principal , ou
par tel autre que le Bureau aura choisi à
cet effet , & ils seront tenus d'en ren-
dre compte audit Bureau une fois par

mois, par un bref état, & à la fin de
l'année, par un compte général & dé-
taillé, qui fera reçu & arrêté par délibération du Bureau, dans les trois premiers mois qui fuivront ladite année ; &
en cas que les Penfionnaires foient à la
charge du Principal, il reglera & régira
feul lefdites Penfions, fans en être com-
ptable audit Bureau, fi ce n'eft qu'il en
eût été autrement convenu entre lui &
ledit Bureau, & reglé par une délibération expreffe.

X X V.

IL ne pourra être entrepris aucun Pro-
cès, ni interjetté aucun appel au nom
du Collége, fi ce n'eft en vertu d'une
délibération dudit Bureau, & fur une
Confultation préalable, fignée de deux
Avocats connus & exerçans la Profef-
fion ; &, s'il eft jugé néceffaire de pour-
fuivre quelque affaire en Juftice reglée,
les procédures feront faites fous le nom
du Principal & Collége du lieu.

X X V I.

N'ENTENDONS préjudicier, par le
préfent Edit, aux droits des Fondateurs
ni aux charges & conditions primitives
des fondations bien & dûement faites
dans lefdits Colléges.

XXVII.

N'ÉTENDONS pareillement que les dispositions dudit Edit puissent avoir lieu par rapport auxdits Colléges, régis & desservis par les Congrégations régulieres ou séculieres, si ce n'est pour les articles dans lesquels il en est fait mention expresse, Nous réservant de faire connoître par la suite, en la forme ordinaire, nos intentions à l'égard desdits Colléges. SI DONNONS EN MANDEMENT à nos amés & féaux Conseillers les Gens tenans notre Cour de Parlement à Paris, que notre présent Edit ils ayent à faire lire, publier & registrer, & le contenu en icelui garder & observer selon sa forme & teneur, nonobstant toutes choses à ce contraires : CAR TEL EST NOTRE PLAISIR ; & afin que ce soit chose ferme & stable à toujours, nous y avons fait mettre notre scel. Donné à Versailles au mois de Fevrier, l'an de grace mil sept cent soixante-trois, & de notre regne le quarante-huitiéme. *Signé*, LOUIS. *Visa*, FEYDEAU : *Et plus bas* ; Par le Roi, PHELYPEAUX. Et scellé du grand sceau de cire verte, en lacs de soie rouge & verte.

Regiſtré, oui ce requérant le Procureur Général du Roi, pour être exécuté selon sa forme & teneur, & copies collationnées envoyées aux Bailliages

& Sénéchaussées du Ressort, pour y être lu, publié & registré ; enjoint aux Substituts du Procureur Général du Roi d'y tenir la main, & d'en certifier la Cour dans le mois, suivant l'Arrêt de ce jour. A Paris en Parlement, toutes les Chambres assemblées, le cinq Fevrier mil sept cent soixante-trois.

Signé, DUFRANC.

A PARIS, chez P. G. SIMON, Imprimeur du Parlement, rue de la Harpe, à l'Hercule. 1763.